겹꽃으로 피어나는 손

시산맥 기획시선   166

제48차 기획시선 공모당선 시집

겹꽃으로 피어나는 손

시산맥 기획시선 166

초판 1쇄 인쇄 | 2025년 11월 10일
초판 1쇄 발행 | 2025년 11월 15일

지은이 임영자
펴낸이 문정영
펴낸곳 시산맥사
편집주간 김필영
편집위원 최연수 박민서
등록번호 제300-2013-12호
등록일자 2009년 4월 15일
주소 03131 서울특별시 종로구 율곡로 6길 36. 월드오피스텔 1102호
전화 02-764-8722, 010-8894-8722
전자우편 poemmtss@naver.com
시산맥카페 http://cafe.daum.net/poemmtss

ISBN 979-11-6243-654-7 (03810) 종이책
ISBN 979-11-6243-655-4 (05810) 전자책

값 12,000원

* 이 책은 전부 또는 일부 내용을 재사용하려면 반드시 저작권자와 시산맥사의 동의를 받아야 합니다.
* 이 책은 교보문고와 연계하여 전자북으로 발간되었습니다.
* 본문 페이지에서 한 연이 첫 번째 행에서 시작될 때에는 〈 표기를 합니다.
* 저자의 의도에 따라 작품의 보조 동사와 합성 명사는 띄어쓰기가 달라질 수 있습니다.

겹꽃으로 피어나는 손

임영자 시집

| 시인의 말 |

마당의 화단을 지켜주는

넝쿨장미와 남천은 함께 살아가는 친구들이다

단풍이 들고 떨어지기를 십여 해

돌고 돌아

겹꽃으로 피어나는 손을 가만히 가을바람에 흔들어 본다

2025년 늦가을, 임영자

■ 차례

1부

나무를 읽다	19
마트료시카	20
사과의 방	22
복수초	24
이불의 뒷장	26
거울 속으로	28
붉은불개미	30
바오밥나무에 지은 집	31
박쥐	32
봉투	33
볼링	34
섬	36
볼륨	37
씽크로니 경향	38

2부

아버지의 손　　　　　　43
빨래　　　　　　　　　44
길고양이　　　　　　　46
외딴집　　　　　　　　47
달마산　　　　　　　　48
언제나, 술래　　　　　　49
단추　　　　　　　　　50
행방불명　　　　　　　51
송정역에 핀 칸나꽃　　　52
대원사　　　　　　　　53
사십 원　　　　　　　　54
행운목　　　　　　　　55

3부

토란	59
열여덟 번째 이야기	60
숨꽃	61
월계화	62
창호지	63
대구	64
박꽃	65
새벽 두 시	66
비파나무	67
건망증	68
어떤 기억	69
티눈의 집	70
곰소	72
라일락	73
나문재	74

4부

탱자	79
개미	80
오후 즐기기	81
무릎	82
수선화	83
감별사	84
해바라기	85
당신의 일기예보	86
갱년기	87
반쯤	88
감꽃	90
들깨	91

■ 해설 _ 남도 서정을 모태로 한
　　　창조적 표상의 세계 | 김성신(시인) _ 93

1부

나무를 읽다

산책길 나무들의 문장을 해독한다

어린 시절 크리스마스트리로 밝힌 전나무
발길에 짓밟힌 채 벼락 맞은 구멍도 보이고
절벽에 매달려 아슬하게 꽃 피운 뒤 자라난 나뭇가지도 보인다

꺾어진 가지 끝에 고인 진물이
기둥이나 서까래가 될 수 있었던
그윽한 냄새의 책장을 넘기면
허기진 아버지의 회고록이 읽혀진다

벌레 먹고 비바람에 찢어진 책장을
가을바람이 넘겨주는데
누군가의 뒷장이 되기 위해 어깨 굽은 풍상이 몇 년인지

아직 따스한 체온이 남아 있는
책 한 권

풍경으로 서 있는 나무 한 그루

마트료시카

바람도 얼굴이 바뀌는 시대
등이 드러난 마른 증언을 듣는다

저 눈은 누가 우물처럼 파놓은 것일까
눈썹 한쪽 옹이진 고요
주름 곳곳 각진 수심이 깊다

내일은 어디로 가야 하나요
나를 다녀온
내가 묻는 바깥이 사라진 질문들
누군가 팔을 잡아당겼다
조각도에 함께 깎인 이름을 조용히 되뇌었다

모서리 상처에 입술만 깜빡이는 인형
아무렇게나 자란 이름을 잘라내느라
다문 입술이 흩어지지 않도록 손끝에 힘을 주었다

삐걱거릴 때마다 나는 나를 바꿔 입어야 해요
겹겹 바닥을 뒹군다, 벗겨도
벗겨도 알맹이면서 껍질인 또 하나의 당신

〈
공원 모퉁이에 버려진 기억들이 어둠에 묻힐 때
파랗게 수집되는 기분
곧 다시 머리에 싹이 틀 것이다

사과의 방

새벽이 쏟아내는 빗물은 시다

폭염의 사막과 모래바람을 훌쩍 뛰어
칠흑의 어둠 속에 진행되던 리비아의 밤 터널은
손에 땀을 쥐게 만들었지

수없이 드나드는 짐승과 날벌레에 맞서
바코드에 이름 찍히기 위해
짙은 멍 들기도 했지

자르기 전에 당도를 보장할 수 없다는 당신의 낯은
점점 야위고 붉어져
물컹, 고사되기도 했어

깊어진 눈으로 내놓는
흔들리는 어깨
낮은 울음

저녁의 한때 신화처럼 열리곤 하는

아삭거림은
슬픔의 먼 기원

복수초

복수초 속에는 무엇이 들어 있을까

땅과 맞닿아 찬 얼음을 품었지
된바람을 조금씩 밀어내며
품었다 내놓는 말 속에는 기침이 떠다녔어

허리 펼 시간조차 없었는데
예고 없이 꺾인 당신의 호미질
땀 냄새 곤한 어두운 기억들

당신은 꿈속에서도 침상 밖으로 삐져나온 발을 흔들며
거친 숨 내쉬며 물었어
-밥은 먹었니

가만히 귀 기울이다 홑겹 으슬한 추위를 견디며
한 장 한 장
꽃잎으로 젖는다

언 땅, 웅크리고 앉아
오래도록 추위를 견디는 노란 안부

〈
어김없이 다시, 올 당신의 봄

이불의 뒷장

새벽까지 이어지는 그녀의 틀질 위
어제부터 내린 눈이 녹지 않고 쌓인다

드륵 드르륵
한 손으로 치우며
한곳으로 모아서 굴리는 소리
끊임없이 이어지다 그칠 때쯤이면
낡은 처마 위로 흰 연기가 피어오른다

점점 벌어지는 어깨회전근의 시간들
무성한 그늘이 자라나고
퉁퉁 부은 발과 피곤해진 눈이 끝없이 내려앉는다

십장생 속 촘촘히 박힌 해가
가라앉지 않아
오늘은 이불 뒷장을 자세히 펼친다

바늘에 찔려 피멍 든 손끝으로
가쁜 숨 몰아쉬며
아직, 헛손질로 틀을 메우는 그녀

〈
터진 실밥 사이 흰 학이 비상하는 소리를
나도 따라 깁고 있다

거울 속으로

전화기를 들고 골목을 나서면
끊긴 안부가
땅끝을 헤매던 어느 날까지 이어진다

해당화를 꺾어와 내 앞에 흔들어 보이다
꽃잎을 한 잎씩 떼어내니
하늘하늘 어디론가 사라진 얼굴

문득 뒤돌아보고 있을까
흰 포말 사이에 떠 있는 바다
언뜻언뜻 비추는 물그림자
너는 나를 닮은 듯 바라봤다

바다의 수면처럼 잃어버린 시간은
풍경으로 갇힌다

눈과 눈을 감았을 때
맞닿는다 만진다 움켜쥔다
두 손안에서 당길 수 없는 것들
〈

속눈썹을 빳빳하게 끼워 넣을 때
아직 거기 푸르게 혹은 하얗게 맺힌
주름진 기억들

붉은불개미

배와 항구 곳곳
너를 찾아다니는 동안
잠시 침묵하는 시간일까
지렁이 목을 틀어쥐고 어둠 속으로 유유히 사라져

흰 알을 변명처럼 낳으며
밑으로, 틈으로
심지어는 발끝으로 은밀하게 수족을 들이민다

사람들의 시선을 유유히 관통하며
붉은 시선과 촉수로
신호등을 무시한 채 건널목을 횡단한다

당신 곁에서 기숙했던 나를
물지 않겠다는 원칙마저 지우며
닿을 듯 말 듯 붉은 입술로 물곤 했었지

가려운 소름으로 꿈틀거리는데
젖지 않기 위해 수족을 지우는 웅덩이처럼
아침이면 흔적 찾기 모호한 밤

바오밥나무에 지은 집

깊은 땅에 갇혀 있다 솟은 어깨
불길 속에서 씨앗들 깨어나 수런거리고
노랑목모란앵무새가 나무, 구름, 무지개를 노래한다

손끝에서 꽃이 피어나는 게 이상하지
어디선가 바람을 쓸어 와
얼마쯤 서 있었을까

굽은 다리를 하늘로 올릴 때
머리를 땅속으로 처박던 날들
사람을 잊은 무덤은 가슴보다 편한 것이 없다는데
호흡기를 잇댄 당신의 숨소리는 갈수록 거칠고

빈 골방 안으로 가만히 건네던 기별
내일을 포기했고
나는 당신을 어제처럼 버렸다

황토 언덕 한가운데
작은 성으로 지은 빈집
뿌리가 기도처럼 자란다

박쥐

어떤 꼬리는 동굴에서 자란다

바짝 웅크려 응시한다
비 내려 습기가 엄습한 날
입속에 고인 식성은 완고해 쉴 새 없이 파닥였다

모든 것이 주저되는 그녀 앞에
어둠이 소문처럼 번지고
바람의 보폭 줄여 직선으로 서 있는 나무들

어디서든 부지런히 손을 놀리면
그늘을 벗어날 줄 알았는데
툭하면 얹힌 시간들

겨울이면 생의 구절구절이
거꾸로 매달린 채 날개를 펼친다

어둠 속을 겨냥해 낚아채는
한 줌, 기억

봉투

이제 누구로 사는 걸까요
말라버린 근육은
뭉텅뭉텅 사라진 기억
긴꼬리 딱새처럼 앞이 짧아진다

누운 자세 반듯하고
눈을 감는 시간 길어질수록 부의賻儀가 두텁다

내 안의 당신 대신
가볍게 빠져나오는 나비 떼

국화 송이 속에 잠긴 흰 연기

마지막 대답 대신
안부를
날개로 접었다

볼링

등 뒤에서 잃어버린 손을 잡는다

6년째 분실한 시간은 용변의 알람으로 시작되었고
지나간 것은 곤두선 채 입체적으로 들린다
희뿌연 안개를 따라
절망을 구르는 굽은 뒤태, 처다보기 안쓰럽다

기분은 색깔이 없어서
흠칫, 유리창에 비친 새들의 부산한 날갯짓에 놀라
안을 살피는 염탐의 자세
쿵, 터더덕, 둔탁한 목소리로 구르는 안부
흰빛에 에워싸인 LED 등이 빈 계절을 서성거릴 때

사과를 양손에 쥐거나
닳은 무릎으로 움츠린 그녀
입가에 흘린 침을 무덤덤하게 화장지로 닦는다

고통도 식사였던 한때의 그늘을
과감하게 대신 던지는 오늘
스트라이크

〈
마주 볼 수 없는 시선
마른 목소리가 물길처럼 흐른다

누군가의 선택은 둥근 각도로 휘어지고
이름을 잊는 날은 내 표정도 갓길로 샌다

그날 이후,
시간은 맨살로 눕는 방이기도 했다

섬

흰 포말의 파도를 창문으로 둔 채
선과 선 사이
아스라이 떠 있는 섬

두 눈을 감고
귀를 닫으니
그물을 털며 부르던 진양조 육자배기 소리
당신의 목소리 들리는 듯하다

오래된 수심을 들여다보니
기침을 내뱉을 때마다
뿌옇게 흔들린 그림자
생의 굴곡을 지우던 안개가 서쪽만을 응시하네요

벼랑으로 잇닿아 차오르는 섬
닿을 듯 말 듯 일렁이는 부고
파랗게 물이끼 살아나
당신의 손끝은 점점 뭉툭하게 불죠

볼륨

초록이 자라지 않는다
문장이 되지 못한 소리의 무덤
비음으로 들어앉는다

말의 수초들이 너울거리는 신호
낮은 비명, 습한 바람에 중심을 잃고 흔들린다

침묵에 따라 두텁게 쌓이던 벽
이목을 가리며
높고 크게 들리는 소리

한숨이 가슴에 파고들었다
당신에게 쏟아낸 말들을 외면하고 싶은 날은
자책이 하나둘 자리잡고

기억은 가장 오래된 저녁
시간의 발걸음을 우연인 듯 마주치면
당신의 육십 년, 새의 날갯짓으로 날아갔다

씽크로니 경향*

그녀가 걸어오고 있다

긴 눈썹, 그린색 스카프, 곱슬곱슬한 금발
말을 걸듯 한 표정으로, 안녕
지긋이 응시하다 나도 안녕

이마의 가로 주름이 서늘하다
불면으로 뜬 하현달
몇 걸음 물러나
눈을 찡그리며 입술을 연다

목젖, 동굴 입구처럼 열린다
입속 삼켰다 뱉어내는 그림자
그녀가 화장을 한다
'톡톡' 치는 소리
손끝으로 치는 엇박자의 스탭이 난해한 냄새를 만진다

낯선 남자가 붉은 타이를 맨다
마스카라를 하는 두 눈
알고 있었을까 우리 둘은 그림이기도 한다는 걸

〈
그녀 찌푸리며 웃는다
아침, 어색한 관계가 흰색 질감으로 번지고

* 서로 좋아하거나 가까운 사람을 비슷하게 닮아가는 것.

2부

아버지의 손

 막장에는 한길뿐

흔들리는 불빛은 영혼 같은 것이라서
단단한 바위를 뚫느라
쉼 없이 덜컹거리는 기계소리

몸을 던지는 하루살이 떼
굉음 소리와 함께
굴속에 섞인 컴컴한 말들이 탄맥을 타고 흐른다

얼기설기 걸린 거미줄
점점 느려지는 아버지의 보폭 사이로
쉼 없이 탄을 캐는 듯한 손짓, 몸짓들

점점 웃음이 사라지는 얼굴
야윈 등에 흐르는 바람 줄기
거칠고 투박한 손등에 꽂힌 바늘에서 붉은 피가 흐른다

출발 준비 끝났습니다

빨래

신호대기 하듯 빈 날을 기웃거린다
하늘과 땅, 미래와 현재의 가운데서 펄럭이는 놀이

몸이 좌우로 엉켜서 본 세상은
오해하기 쉬운 자세
백하수오 덩굴이 통째로 감나무를 감고 있다

지나가지 않는 뱀이 머리를 내게로 튼다
빗방울, 마른 비명 바짝 말린다
허공에서 뼈대만 남은 사람이 나부낀다

발자국 여기저기 떠다닌다
보성, 화순, 남평, 광주
어깨를 올리면
만세를 함께 부르다 출렁이는 빨랫줄

위태로움이 그녀의 거처였다
차고 강렬해진 바람 쪽으로 흔들리며
안부가 펄럭인다
손끝이 난간을 들었다 놓는다

〈
행상에서 돌아와
얼음물에 손 담가 빨래하던 그녀가
유리창 없는 넓은 마당을 들어올린다
침상을 덮던 흰 광목이 깃발처럼 나부낀다

분명한 슬픔인데, 마른 냄새가 난다
깊은 입맞춤

길고양이

눈곱 덮여 한쪽 눈이 사라진 점박이 길고양이 한 마리
사람들을 피해 아파트 지하 주차장으로 사라진다
불안한 듯 두리번거리며 깃털을 세우는 밤
어둡고 습한 곳에서 들리는 가르릉 소리
아무도 알아듣지 못하는 울음은
바짝 발톱을 세운다
곧 밤이 찾아올 텐데
골목 모퉁이 음식물 수거통을 찾아
한 시간째 생선 뼈를 건지고 있다
오른손 내밀어도 쉬이 내주질 않는 발
음산한 냄새를 지우는 어둠의 수심도 깊다
산책할 때마다 살펴주지 못했던 마음이
자꾸 밟히는 저녁
산마루에 붉은 노을이 떠올랐다

외딴집

마당 가득 발도장이 쌓여 간다

부엌문 사이로 불기둥이 솟구치며
들쑥날쑥 으름장을 놓는 사이
아버지와 나는 진땀을 빼야 한다

예고 없이 불어닥치는 일들이
가녀린 어깨에 둘러멜 때마다 휘청거리던 다리

휘어진 아버지의 등을 보며
강 건너 장정 몇 부를 사이도 없이
발등에 칼날처럼 쌓인 눈 살점을 베어낸다

구석진 곳 몸 웅크리고 있는 씨감자
흑빛이 선명하다

엉성한 구름 금방이라도 터트릴 듯
바짝 촉수를 세운 적막한 외딴집

봄이 불빛이다

달마산

바람이 건너갈 때마다 흔들리는 심중을 숲길에 풀어둔다
연둣빛 사잇길

비탈을 만나면 구르기도 하면서
모서리를 채우는 생각들
제 몸의 물무늬를 지우며
왔다가 사라지는 남쪽 바다의 파도 소리

스님이 따라주는 차 한 잔
향기 따라 올라오는 그윽한 이름
달마, 이보다 더 부드러운 이름이 있을까

둥글게 부풀어 오른 산그림자가
가슴을 낮춰 내려앉는다

언제나, 술래

담 밖은 허허벌판
어둠이 침대를 삼킨 저녁

친구들은 일찍 집으로 돌아가
밤 꿈을 꾸고 있고
나는 아이들을 찾느라 몽롱한 기분으로 헤매었다

몸을 숨기지 못한 채 머리카락이 보인 술래
어둠이 침대를 삼키면
아무것도 보이지 않는 막막함
내가 찾는 것이 무엇인지, 어디에 있는지

닫힌 나의 꿈이여
나는 얼마나 간절한 바람으로
사각의 방에서 헤매고 있는가

단추

엇갈린 실타래의 시간들
틱 소리를 내며 둥글어지기도 하고
빙그르르 나뒹굴기도 한다

부산해진 나를 나무라듯
곪은 상처 어루만지듯
어제를 기우며 실로 칭칭 감는다

이러지도 저러지도 못하는
낙망의 끝자락에서
죽기 살기로 매달리며 버티는 사이

끝이 보이질 않는 밑줄을
오롯한 화두처럼 붙잡고 있다

행방불명

작은 실오라기조차 깊숙이 탐색되는 DNA

구멍이 뚫린 채 한꺼번에 박혀
사라진 머리, 탈골된 어깨
가로세로 포개진 웅크린 신원미상의 이름들*

함부로 생을 마감시킨 기억은
아무것도 사라지거나 지워지지 않았다

백골이 된 몸속
수심 깊게 외쳤을 절규와 원망

흙을 감고 돌아
피를 묻힌 총소리 차갑게 박혀 있다

---

* 2019년. 구 광주교도소 지하에 암매장된 5.18 희생자들의 시신이 200명이 넘게 발견되었다.

송정역에 핀 칸나꽃

결 고운 빛들이 일렬로 퍼지는 오후
송정역 한편에 칸나가 피어 있다

길고 먼 철로를 가슴에 놓으며
낮과 밤, 수시로 피어나

침대 위에서 충혈거리는 눈을 감고
사각거리던 치아를 빼고 보니
잇몸에 맞물린 상처
그녀의 삭은 늑골처럼 검었다

흔들리던 눈동자 속, 홀로 갇힌 나를 본다
다음 예약은 시월입니다
왈칵,
잃어버린 시간이 발화되는
붉은 봄

단 한 번도 내뱉지 못한 말

대원사*

이곳에서 바람은
산의 뒤꿈치를 밀어 올리며 시작된다

아홉 구비 계곡을 따라 천 년의 그림자 드리우며
적막 쌓여
쉼 없이 울리던 처연한 아기의 울음소리

겹겹 쌓아 올린 기도가
탑이 되고
침묵하던 산그림자 두 손 모아 합장한다

절 마당 태아령*
바람을 타고
삼도三塗의 강이 객을 맞는다

* 보성군 문덕면 죽산리에 소재, 매년 제 삶을 마치지 못한 태아령 진혼 예술제가 열린다.

사십 원

서랍을 정리하다 닳아진 통장을 만났습니다
한쪽 귀퉁이가 뜯긴 낱장에 찍힌
잔돈 사십 원

여덟 개의 손이 당신을 쓸어 갈 때마다
구부러진 허리
늑골 드러난 야윈 몸처럼 동전들이 찰랑거립니다

맨발로 거두던 냄새
우의를 입지도 않은 채 세찬 비 맞아가며
고구마 순 치고 깻대 묶던 당신의 그 모습
손 마디마디 줄기를 올리고 알곡을 맺었지요

서랍 속 축축한 냄새에
저만치 물러선 내 방종의 뜰에서
아직, 당신은 그림자로 살아 어른거립니다

행운목

한 번의 눈길로도 사로잡는 기억들의 정원
자물쇠 걸린 병실의 출입구
출구 막힌 공간 속에서
한숨이 길어질 때

구름이 구름을 벗어나려 소나기를 되뇐다
그늘을 쏟아내는 허공이 출렁거린다

절반이 텅 빈 미궁의 시간은 언제 찾을 수 있을지
잎으로 숨거나
줄기로 휘어져
그림자가 그림자를 덮는다

각을 세운 그녀의 지난날이
뒤척이며
머리 없이 곧추선다

3부

토란

어스름한 저녁을 휘묻이하며
둥글게 여물어가는 알들은
지난한 시간을 매달았다

침묵은 고고해
작아도 자족하며
마른 그림자를 지워가며 거친 땅 품었을 토란

땅속에서 자리 잡지 못한 바람은
까치발 세워
먼 곳을 향하여 손을 뻗는다

젖은 것들은 밖으로 나오고
안을 튼실하게 채운 알맹이
어쩌면
경계 너머의 허기를 염려하기 때문이다

보성역 올망졸망 늘어선 짐 보따리 옆
소나기를 털어낸 허리 바짝 세우고 서서
토란을 지키고 있다

열여덟 번째 이야기

오다가다 얹어놓은 돌 위에 바람이 앉아 있다
저 바람이 듣고 온 이야기는 몇 번째일까

사랑의 노래는 꽃잎이 되어 떨어진다
해마다 불러도 분홍치마에 쌓인 봄은 오지 않는다

울타리를 벗어난 노래는 자유다
그리움만 돌담처럼 쌓여가는 봄날은 또 몇 번째 오는 것인가

고요히 귓가를 스치듯 들리는 젊은 여자의 목소리가
고양이 발소리를 닮았다

당신의 나이를 먹고 불러보는 어머니의 열여덟 번째 노래
이제 성황당에 얹을 돌이 없다

숨꽃

안개가 자욱하게 깔린 시골길
역주행한 붉은 차와 충돌하고 깨어보니
저승을 놓고 온 이승의 내가 있다

다들 가망이 없다고 돌아서는 나를
끝없이 주무르며 돌려세운 노모의 앙상한 손가락
가쁜 숨 꽃 피워내는 시간들이 자욱한 안개를 닮아 있다

당신이 건너야 할 다리는 몇 개일까요?

눈물로 가득 찼던 눈 속
침침한 밤을 빙빙 돌며
회귀回歸하듯 퍼지는 당신의 염원

안개는 이편과 저편을 하나로 만들며
잰걸음으로
어둠을 빠져나간다

월계화*

가시를 숨긴 월계화

동그랗게 꺾인 채
구멍 파인 가지
안간힘으로 봄을 붙들고 있다

따끔한 가시에 찔린 살갗
붉은 비명 내지르며
바닥을 짚어야만 일어설 수 있는 그녀

몸 비틀 때마다 연신 숨을 몰아쉰다
천근 무게를 버틴다

꽃잎이 만개한 순간 통증을 숨긴 월계화
나의 중심을 허물며
송이송이 진한 향기를 품는다

---

* 장미꽃의 다른 이름.

창호지

겹을 벗으니 겁劫이 보였다

달빛을 받으며 눈을 감은 날은
티벳이었다가 시베리아 벌판이 되었다가
알쏭달쏭 뒤섞인 본적지

외조모는 늘 얘기하셨지
어떻든 질겨져라
바람을 미워하지 마라
가장 쳐다보기 어려운 사람은 바로 자신이란다

풍우에 찢긴 날
옷매무새 한 겹 더 여미며 그늘을 봉인하면
창호지는 달빛 아래 소슬한 풍경이 되기도 한다

가슴을 문고리로 잠그고

대구

작살이 온몸을 관통한 기록은 가계로 남았다

지느러미에서 서풍이 흐르고
깊숙이 헤엄치다 파도에 출렁거리는 날은
찬 심장에서 겨울이 자란다

멈춤과 떠남이 있는 섬 모퉁이에서
무릎이 사라진 줄 잊은 채
온몸 움츠리며 말라간다

길은 점점 허공으로 향하고

핸드백 속
구겨지고 바랜 복약설명서 한 장
쥐눈을 뜨고
해진 시간을 붙들듯

느린 햇살이 흔들리는 노끈을 움켜쥐고 있다

박꽃

푸른 줄기를 타고 오르다
뙤약볕에 맞서
축 처진 박꽃

대롱대롱 매달린 위태로운 그늘이
마치 부음 같다

껍질 속에 웅크린 채 잠들어 있는 고모
일곱 가닥 줄기로 수혈하고
여든 고개 넘나들며
처마 밑 풍우와 가뭄을 수시로 맞댔지

갈 길 멀고 목도 마르는데

어제와 오늘 사이에서
흰 꽃망울
주렁주렁
맺
혀

새벽 두 시

나뭇가지 부러지는 소리가 담을 넘는 외딴집
아버지 잔기침 소리가
밤새 토방 언저리에 쌓인 날

그림자가 그림자를 딛고
마당을 가로질러 멀리 사라지고
눈송이도 함께 더미를 이루었다

얼어 있던 말들이
이따금
콕콕 찌르며 온몸에 꽂힌다
불면을 어른거린다

저 산마루 소쩍새 한 마리
홀로 떠서
찬 겨울을 선회하는

아버지의 새벽 두 시

비파나무

밤새 내린 눈위로 흔적이 할퀸 자리
비파나무 꽃잎이 엉켜 있다

꽃눈과 첫눈
조심조심
두 손으로 받들자
겹꽃으로 화르르 피어난다

필사하다 말고
조심히 접어 책갈피에 넣는다

비파나무의 곧은 등에
가만히
내 등뼈를 대어 본다

건망증

비밀은 여자의 향수로 가려졌다

어디에 두었는지 들꽃에 정신이 팔린 나는
잃어버린 말들을 종종 찾아 헤맸다

헛생각은 들판을 채우고
바람길 열어
들뜬 심장을 꺼내는 듯했다

세상은 점점 흐릿해지고
푹푹 잠기는 아득한 미래는
모래 무덤이 될지 모르겠어

문득, 책을 읽다 핸드폰을 찾아 나선다
이름을 찾아 헤매면
어둠으로 접속되는 기억의 코드

오늘도 종종 헤매다 붉은 저녁을 맞는다

어떤 기억

대나무가 우두둑 부러지는 소리
기억이 제 몸을 떨 때마다
사각 틀 속에 피었다 지는 초상화

운동화에 밑창을 깔면
어디에 두어야 할지
아직 정하지 못한 말들이 흐느적거리는 지점

절반도 못 산 생이
떫은 감처럼 우려 나오는 진한 체온의 교감을
나누다, 보듬다, 문득
주인을 닮은 불면의 목청이 겨울을 부른다

티눈의 집

가부좌를 틀고 앉아 살갗을 파고들어
발바닥에 움집을 짓는다

굳은살 같기도 하고
사마귀 같기도 하며
거친 시간을 뚫는다

갈라지고 무너지던 겨울처럼
침묵을 견디며
한번도 느낀 적 없는 통증을 내밀기도 한다

혹시 단단히 굳히던 내 허물은 아닐까
신경을 누르는 통증의 뿌리
거침없이 차오르는 상처를 끊어낸다

상처는 늘 제 무덤을 만들며 들러붙는다

가루 연고를 흩뿌린다
붉게 솟아나는 피
그 안에서 출렁이는 상처

〈
희고 굳었던 결정이 바깥으로 남는다

곰소

격포 바다를 빠져나온 해풍이 회오리를 일으킨다

밤새 버둥거린 삽질에 흘러내린 땀방울
바다에 고인
불순물 뱉어내듯

비릿하게 번져오는 푸른 통증
굽이굽이
파도의 심장 모조리 헤치며

마를수록
당신이 한소끔 말려놓은 바다

빠져나온 그 자리

라일락

라일락 꽃잎에 앉은 고추잠자리

보고도 아니 본 듯
날갯짓을 허공에 흘린다

움켜쥘 수 없는 떨림으로
꽃잎은 안으로 휘어지고
날개는 상처를 품은 듯 수평이다

그림자 한 점 보이지 않는 골목길
어깨를 겯고 선 노란 사색

하늘을 서쪽에 걸어 놓은 채
가만 공중으로 떠다니는 꽃향기

나문재

뻘밭에 무성하게 자란 나문재를 뜯는다

바다의 등에는 깊은 산이 있었다
기침을 연신 토하며
날마다 그녀에게 찾아든 풋바심의 일들

물때에 맞추어 나가 물길 사라질 때까지
허리 펼 새 없었다

나문재의 잎에 흘러내린 손 매듭 마디들
골진 곳에
설형문자처럼 번지며 자라나는 점들 틈으로
여기저기 떠 있는 아이들 목소리

애써 밥 냄새를 피하던 어두운 문장 위로
검은 연기 피어오르고
밥 속에 나문재를 넣고 함께 짓는다

나뭇나뭇

따듯하게 허기를 채운다

* 바다의 나물.

4부

탱자

닳은 남자의 손에는 굵은 가시가 자랐다

바람이 눅눅한 시간의 기척을 살핀다
골목을 이리저리 휘감은 말들

어제라는 단단한 뿌리가 근육에 박힌 채
허리를 편다
땀 닦던 햇살이 조곤하게 말을 건넨다

더운 입김을 토하며
좁아지는 골목 끝에
비틀거리는 실루엣

아득한 먼 지점
그림자 지천으로 머금다
촘촘히 가시를 매달고 노랗게 피어나는

개미

발가락에 신호가 잡히지 않았다
항구의 창고를 향해
점점 좁아지는 통로

잠시 침묵하는 사이, 떨어지는 나뭇잎이 나를 덮는다
바람이 입맛을 다신다

지나온 길을 돌아보다 기숙한 일들을 꺼내니
지금이라는 날만 내세우고 살아
일순 묻고 싶었지

은밀하게 몰려드는 역공들
내 몸속에 묵은 독과 촉수로
포착을 놓친 숱한 시간

말 못을 빼듯 잊고 싶은 밤
한 마리 개미가 되어
다리를 펴다 오므리길 수차례

오후 즐기기

좌에서 우로
시계추 반동에 의해 몸집을 부풀리는 시간
오후는 두 번의 신호를 거쳐 숲길로 간다

달리는 차들이 서로 눈높이를 맞춘다
호박꽃, 상사화, 고양이, 바람, 내 시선 모두 한통속
풍경이 제 각을 벗어나 스쳐 지나간 자리
늘 소음이 절반이다

저만치 구부러져 흐르는 곡선과 함께
빠르지도 느리지도 않게 주행하는 풍경
환절기에 떨어진 잎, 잎들
고만고만하게
오후의 속도만큼
절반을 등 뒤에 쌓아두거나
가볍게 질주하거나

손바닥 위에서
흔들리기도 하는
수상한 오후

무릎

노모의 유모차를 보도블록 깔린 도로가 끌고 간다

손과 발은 늘 갈아엎은 밭고랑처럼 갈라지고
새벽을 접은 무릎
어둠이 구겨질 때마다 퍼지는 조용한 비명

가만히 귀 기울이면 그 안에 바람 치는 소리가 들어 있다
한 방향으로 펄럭이다가
돌연 등 돌려 몸 곳곳 배어들었지
무릎을 들여다본 적 없는데 자꾸만 비릿한 냄새가
포말처럼 흘렀어

홀로 깎아낸 비탈밭
길이란 길은 단단한 돌들이 구석구석 출구를 막았지

앞산을 타박타박 오르던 발
여기저기 뜨거운 비명을 지르는 당신의 물혹들을 위해
우슬 뿌리 캐다 가마솥에 앉혔다

무릎에 박인 숱한 일들이 노근노근 풀어진다

수선화

어느 길에 있었는지 잊고
반쯤 무너진 어깨와 덜렁거리는 다리 한 쪽으로 서 있다

한생이 일 년인 꽃들은 피어서 지면 다시 꽃이 되는데
칠십 평생을 수선하는데 다섯 시간 걸려도 꽃이 아니다

낭창하게 휘어진 허리가 뭉텅 거리며
잘리는 소리가 나고
입을 봉인한 식은땀이 상처를 받아 안는다

빽빽한 혈관 사이로 화사한 꽃 진다

시간을 습작한 오후가 깨어지고
생사를 오고간 꽃 한 송이 숙면을 취한다

감별사

톡톡 두드려 본다
이마에 매달려 있는 불빛이 겨냥하고 있는
소리의 감촉

껍질만 남은 집들이 웅크리고 있다
단내는 풍길수록 벌레가 꼬이고

까치가 구멍을 뚫자
단물에 끌려온 개미와 날파리 떼들
상품 가치가 없어진 덩이 속수무책 도둑맞고
당도를 재는 감별사의 촉수마저 무디게 했다

등록금을 날렸다며
아버지의 알콜 냄새가 담장을 넘었다

팔십 평생이 땀으로 쏟아부은 수박밭
제 몸에 새겨진 푸른 선

바람을 타고 부풀어져
문을 잠그는 날들이 잦았다

해바라기

해는 한 방향으로 뜨지 않는다

두툼한 바람 한번 쓸고 지나갈 때마다
재 너머 보성댁
앞 동네 순천댁
피고 지듯
지고 피듯

담벼락에 박히고 계단에 밟혀도
해는 등 뒤에서 더 붉어
세 발로 걷는 그녀도 해바라기를 보며 환하게 웃었다

긴 그림자를 등에 드리우며
풍파에 잘 견디었다고
담벼락 구석도 노랗게 웃었다

당신의 일기예보

무릎이 일기예보를 앞선다

연결된 고리에서 빨간 신호가 들어 온다

왼쪽이 쑤시면 오른쪽은 절절 끓는다

마른 입술에서 숨비소리가 흘러나온다

잠자리의 곡예가 시작되는 오후

통증을 달래기 위해 따뜻한 물수건을 얹어본다

톡 쏘는 사이다가 명치를 때린다

하늘과 마당 번갈아 보며 엉덩이만 들썩거리는 노모

후드득 소리에 삐그덕거리는 무릎 끌고

처마 끝 모서리에 여름을 당겨 놓았다

터진 봇물처럼 시원하게 쏟아지는 통증

갱년기

여자는 긴 머리를 두 번이나 잘랐다

꽃을 보는 고양이처럼 입이 간질거리고
북쪽만 바라보던 시선이 흐려졌다

모래는 쌓이고
어디쯤 서 있는지 발자국 움푹 파였다
사막을 걸어가는 나귀들의 발자국처럼

사방팔방 방향을 잃고
무릎이 꺾일 때까지 걸었다

꿈속으로 파고들던 노을이
걸음마다 출렁거렸다

반쯤

ㄱ자형으로 허리 굽은 노인들이 일렬로 줄을 맞춰
사무실 2층으로 몰려들고 있다
박수와 함께 노래가 합창으로 울려 퍼지고
분위기가 절정으로 익어 갈 때쯤
약 선전을 하는 사회자의 열광은
몸 곳곳 아픈 부위들 말문을 트게 한다

겨우 부축해 들어온 노인의 무릎도
바늘에 박힌 듯 쑤시기 시작하고
콩 껍질처럼 바스락거린 시간들이 웅성인다

사은품 두루마리 화장지의 길을 따라
그늘 밑을 가늠하며
묵은 시간, 한참을 닦아내야 할지도 모른다

약을 사기 위해
반쯤 허리를 접은 채
지갑 속 꼬깃꼬깃한 지폐를 꺼내는 그녀

떨리는 손을 말없이 거들면서

생각의 척추 곧게 펴니
철 늦은 왕벚꽃 한 송이
대롱대롱

감꽃

햇살 부서지는 골목길
노란 등 주머니 여기저기 흩어져 바람에 나부낀다

담장 밖을 내다보던 옆집 아이
나비처럼 날아와 살포시 앉더니
삼베 치마폭에 주섬주섬 담아간다

절반은 허기진 배를 채우고
절반은 목걸이를 만들어
밭일 나가는 언니 목에 걸어주고
팔찌 만들어 손목에 끼며

그리움 등불 밝힌 골목
사그락, 사그락 감꽃 떨어지는

그 긴 하루

들깨

모종을 얻어다 밭 울타리로 심어둔 들깨
검은 눈들이 촘촘하게 박혀 있다

밭둑이 무너지며 휩쓸려 가기도 했던
긴 장마와 폭염을 지나
-올해 깨 농사는 잘 마칠 수 있으려나

손을 놓지 못한 걱정
사방으로 퍼져갈 때쯤
흰 송이송이 삐죽 잎을 내민다
층층 들깨 봉을 세운다

선 주문 후 판매
깻단 털어 수확하던 날은
천근 무게를 견디던
그녀의 휘어진 허리가 곧게 펴졌다

■□ 해설

남도 서정을 모태로 한 창조적 표상의 세계

김성신(시인)

1. 세계와 삶 속에서 달려 나온 이미지

　우리는 시를 읽고 쓰며 다양한 생각과 삶의 지혜를 주고받는다. 시는 직간접 체험을 통한 내면세계와 외연의 확충, 감성의 이입, 상상과 전율, 본질과 영원성을 추구하며 그 결실을 공유하는 공동의 창구이기 때문이다. 시인은 사회적 약속 기호인 '언어'의 특성을 이해하고, 이를 적절히 수용하면서 보다 실제적이고 감각적이며 간결한 언어를 구사하기 위해 노력한다. 또한 존재의 현상을 의미화하고 그 가치를 증대하는 데 기여하는 언어, 즉 사유의 질적 향상과 사회적 공감대를 넓힐 수 있는 '시적 공통 언어'를 끊임없이 개발해 나간다.

임영자는 첫 작품집인 이번 시집에서 내면세계의 자장과 확장을 통해 시공간의 유기성을 확보하는 한편, 이를 분출하는 이미지와 연결해 독자적 시세계를 구축한다. 그 내밀한 '눈'은 시적 상상력을 통해 실존적 자각을 현재화하는데, 이때 표상되는 이미지는 온전한 자신만의 창조물로, 언어의 폭과 깊이를 증대하는 기폭제다.

    바람도 얼굴이 바뀌는 시대
    등이 드러난 마른 증언을 듣는다

    저 눈은 누가 우물처럼 파놓은 것일까
    눈썹 한쪽 옹이진 고요
    주름 곳곳 각진 수심이 깊다

    내일은 어디로 가야 하나요
    나를 다녀온 내가 묻는 바깥이 사라진 질문들
    누군가 팔을 잡아당겼다
    조각도에 함께 깎인 이름을 조용히 되뇌었다

    모서리 상처에 입술만 깜빡이는 인형

아무렇게나 자란 이름을 잘라내느라

다문 입술이 흩어지지 않도록 손끝에 힘을 주었다

삐걱거릴 때마다 나는 나를 바꿔 입어야 해요

겹겹 바닥을 뒹군다, 벗겨도 벗겨도

알맹이면서 껍질인 또 하나의 당신

공원 모퉁이에 버려진 기억들이 어둠에 묻힐 때

파랗게 수집되는 기분

곧 다시 머리에 싹이 틀 것이다

- 「마트료시카」 전문

 프레데릭 슐레겔은 시적 이미지는 "단숨에 이루어진 창조"라고 했다. 이를 상상과 연계할 경우, 상상을 통한 이미지의 확장은 '꿈'과 '사유'라는 이중의 중심축을 무기로 하며, 그 파장은 정신의 모든 영역에 관여하는 등식이 성립된다. 해결 불가능한 상황이 상상력의 위력을 빌려 이미지에 침투할 경우, 그 확장력은 회의와 관념의 울타리를 뛰어넘는다. 이와 같은 상상의 파동은 "바람도 얼굴이 바뀌는 시대/ 등이 드러난 마른 증언을 듣는다"에서 절정에 이른다. 변화무쌍한 시대, 누구도 알 수 없는 자신의 실체를 스스로 증명해 보겠다는 강고한 의지가 그 핵심이기 때문이다.

　꿈과 현실의 사각지대에 위치하는 시적 상상은 화자에게 "삐걱거릴 때마다 나는 나를 바꿔 입어야" 한다는 주문을 환기시킨다. "겹겹 바닥을 뒹군다, 벗겨도 벗겨도/ 알맹이면서 껍질인 또 하나의 당신"은 화자의 내면에 육화된 정서를 상징하는데, 억압된 현실과 맞물려 어떤 것으로도 풀 수 없는 상황을 연출한다. 그러나 상상과 결합한 의식은 절망에 대한 순수한 극복 의지로 이어진다는 의미에서 지극히 실존적이다. 살아있는 인간이 무생물인 마트료시카를 의인화해 생명의 유기적 관계를 강화하기 때문이다. 대상의 세계에서 이루어지는 이런 상상은 상충하며 교차하는 이미지들에 의해 모호한 형태로 독자들의 호기심과 상상력을 추동한다.

　"공원 모퉁이에 버려진 기억들이 어둠에 묻힐 때/ 파랗게 수집되는 기분/ 곧 다시 머리에 싹이 틀 것이다" 구절에서 보듯 마트료시카가 제공하는 이미지는 나약해지려는 화자의 의지를 채찍질하고, 원초적이고 무의식적인 순간들을 담금질해 시적 열정을 강화한다. 여기에서 비합리적인 형태로, 오로지 주관적인 어떤 '힘'에 대한 갈망을 꿈꾸는 인형은 화자의 내면을 복사한 초상화와 다를 게 없다.

등 뒤에서 잃어버린 손을 잡는다

6년째 분실한 시간은 용변의 알람으로 시작되었고
지나간 것은 곤두선 채 입체적으로 들린다
희뿌연 안개를 따라
절망을 구르는 굽은 뒤태, 쳐다보기 안쓰럽다

대체로 기분은 색깔이 없어서
흠칫, 유리창에 비친 새들의 부산한 날갯짓에 놀라
안을 살피는 염탐의 자세다
쿵, 터더덕, 둔탁한 목소리로 구르는 안부
흰빛에 에워싸인 LED 등이 빈 계절을 서성거릴 때

사과를 양손에 쥐거나
닳은 무릎으로 움츠린 그녀
입가에 흘린 침을 무덤덤하게 화장지로 닦았다

고통도 식사였던 한때의 그늘을
과감하게 대신 던지는 오늘
스트라이크

마주 볼 수 없는 시선

마른 목소리가 물길처럼 흐른다

누군가의 선택은 둥근 각도로 휘어지고

이름을 잊는 날은 내 표정도 갓길로 샜다

그날 이후,

시간은 맨살로 눕는 방이기도 했다

-「볼링」전문

  한병철은 『리추얼의 종말』에서 "오늘날 삶이란 그저 생산하기일 따름"이며, 이제는 "모든 것이 놀이의 영역에서 생산의 영역으로 옮겨"갔다고 지적한다. 위의 시에서 볼링은 놀이가 아닌 의식의 안팎에 발을 들여놓아 실존적 존재로서 맞닥뜨릴 수 있는 대상과, 화자가 바라보는 장소를 복합적으로 배치한 '언어의 집'이다. 볼링의 동작을 통해 통시적으로 이해되는 비유를 적재적소에 균배하면서 실제의 삶에서 마주치는 생로병사의 인과성을 형상화하기 때문이다.

  "대체로 기분은 색깔이 없어서/ 쿵, 터더덕, 둔탁한 목소리로 구르는 안부/ 흰빛에 에워싸인 LED 등이 빈 계절을 서성거릴 때" 깊은 슬픔에 닿아있는 화자의 목소리는 달콤하면서도 허상일 뿐임을 주지시킨다. "스트라이크"에 이르는 절망은 곧 죽음을 내포한다. 이를 화자는 "누군가의 선택은 둥근 각도로 휘어지고/ 이름을 잊는 날은 내 표정도 갓길로 샜다"라고 노래한다. 볼링공이 낙하하는 지점은 맨살로 눕는 무덤이면서 허상이 깨지는 집으로 양분된다. 나아가 주체의 실상인 '치매'는 "삶과 죽음의 경계"를 가르며 어두운 목소리에 빗대어져 적소에 다양한 은유로 배열된다.

  사실 시인들이 누리는 시적 상상이라는 꿀도 분명 그만한 시간을 거쳐야 생산된다. 이 시에서 화자가 바라보는 방식은 특수한 공간에서 이루어지는 자폐적 행위가 아니다. 점점 노쇠해 가는 부모를 바라보는 안타까운 결핍감과 주체하기 어려운 감정의 과소비에 불과하다. 이렇듯 화자가 겪고 감내했을 고통은 시로 육화되어 독자들의 동질감을 한데 묶으며 사회적 문제의식에 대한 공감을 불러일으킨다.

    빈 날을 신호대기 하듯 기웃거린다
    하늘과 땅, 미래와 현재의 가운데서 펄럭이는 놀이

    몸이 좌우로 엉켜서 본 세상은

오해하기 쉬운 자세

백하수오 덩굴이 통째로 감나무를 감고 있다

지나가지 않는 뱀이 머리를 내게로 튼다

빗방울, 마른 비명 바짝 말린다

허공에서 뼈대만 남은 사람이 나부낀다

발자국 여기저기 떠다닌다

보성, 화순, 남평, 광주

어깨를 올리면

만세를 함께 부르다 출렁이는 빨랫줄

위태로움이 그녀의 거처였다

차고 강렬해진 바람 쪽으로 흔들리며

안부가 펄럭인다

손끝이 난간을 들었다 놓는다

행상에서 돌아와

얼음물에 손 담가 빨래하던 그녀가

유리창 없는 넓은 마당을 들어올린다

침상에 덮던 흰 광목이 깃발처럼 나부낀다

내 얼굴과 코를 막는 깊은 입맞춤
분명한 슬픔인데, 마른 냄새가 난다

- 「빨래」 전문

  세계와 소통하고 나를 확장하는 힘은 어디에서 나오는가. 빨래의 안과 밖은 가시적인 표면과 비가시적 시간의 깊이다. 대상이 견뎌온 시간과 화자가 견뎌온 시간들이 시의 은밀한 속성으로 표상화되기 때문이다. 이 시에서 '기억'은 가시적 대상물인 '빨래'의 성질이 아니라 내부 세계의 아득한 의식에서 떨어져 나온 사유다. 이때 대상과 의식이 결합하도록 만드는 힘은 물질성과의 합작이지만 자아는 끊임없이 주관성을 요구한다. 여기에서 화자는 자신만의 생각이나 감정을 고집하지 않은 채 주어진 상황이나 조건에 맞춰 적응한다. 다만 그 적응은 분명하고 확신에 차 있으며 화자는 오히려 은밀하게 그 과정을 즐긴다. 그의 시는 이렇듯 물질성에 기반을 둔 이미지와 열린 서정의 품으로 대상을 받아들이고 함께 어울리는 한바탕 놀음이다. 이때 비유는 사물을 효과적으로 변용해 화자의 정서를 표상하는 데 활용되며, 부정적 정서를 긍정의 기제로 변환하는 경우, 시 세계의 영토를 심화하고 확장하는데 기여한다.

임영자는 사물의 추상적 함의를 이미지의 보고인 상상력과 연계해 작품 전체의 유기성을 강화하는데 이번 시집에서 「빨래」는 그 대표적 사례다. 화자의 시적 정서는 구원을 향한 고독한 자기 응시가 핵심이다. "빗방울, 마른 비명 바짝 말린다/ 허공에서 뼈대만 남은 사람이 나부낀다"처럼 일상에서 벗어난 빨래는 비명을 자아내거나 뼈대만 남은 사람으로 의인화된다. 현실에서 일정하게 정주하지 못하고 이리저리 서성거리는 방황은 단지 시적 언어의 폭이 확장된 것이 아니기 때문에 도달점을 추구하는 화자의 갈망이 변수로 작용한다. 그 갈망은 앞날에 대한 끊임없는 성찰로 돌이켜져 화자가 겪어야 했던 지난한 슬픔과 그 극복의 현장으로 독자들의 탑승을 유도한다.

2. 서정 속에서의 정주

시는 읽고 쓰는 행위를 통해 자아의 재발견과 더불어 인간 본연의 존재에 대한 질문을 던지게 되는데, 이때 자신이 살아온 체험을 바탕으로 한 상처의 기억은 시라는 유형으로 재현된다. 시는 자아와 영혼의 실존적 의미를 함축의 언어를 통해 형상화하는 주관적 장르이다. 또한 창작 과정 속에 성찰과 그에 따른 과제의 극복을 지향하는 만큼 잠재적 치유 효과를 보유하고 있다.

임영자의 이번 시집에서 눈에 띄는 두 가지 특징은 언어미학을 고양하기 위해 발굴한 다양한 이미지와, 삶과 죽음 등 자연 현상에 대응하는 사유의 내밀화를 꼽을 수 있다. 그 이면에는 알게 모르게 부단히 시도된 자기 치유의 흔적이 내재해 있다.

자칫 해독하기 어려운 시들이 새로움을 빌미로 횡행하는 풍조 속에서도 고향이 남도의 끝자락 보성인 임영자는 자연 친화적 정서를 서정성 짙은 절제된 언어로 형상화한다. 고향, 자연, 삶의 무게, 중년의 삶에 대한 고뇌, 미래에 대한 희망이 곡진하게 배어있는 임영자 시의 서사와 정서는 유년의 체험과 기억에서 출발한다. 어머니를 일찍 잃고 아버지를 모시며 외딴집에서 함께 산 기억들은 조숙하게 내면을 성장시키며 지속적이고 일관되게 갈망과 그리움을 추동하고 있다. 남도 시 특유의 전통적 서정시와 사회 참여적 리얼리즘, 향토애와 토착적 원체험, 일상적 삶의 지혜가 주조를 이루는 임영자의 시는 본질 지향적 사유와 깊이를 담은 남도 서정시의 원본이다. 여기에서 한 걸음 더 나아가, 참신한 상상의 외피를 걸친 감각의 언어가 다듬어내는 이미지는 서정 미학의 내용을 한결 풍성하게 한다.

그의 시와 만날 때는 내면을 관류하는 남도 특유의 '恨'과 '情'의 선율을 놓쳐선 안 된다. 부모님에 대한 각별한 기억과 외딴집에서 체화된 원초적 고독은 그가 여자(인간)에서 시인으로 재탄생하는 근원이며 원동력이기 때문이다.

    산책길 나무들의 문장을 해독한다
    어린 시절 크리스마스트리로 밝힌 전나무
    발길에 짓밟힌 채 벼락 맞은 구멍도 보이고
    절벽에 매달려 아슬하게 꽃 피운 뒤 자라난 나뭇가지도 보인다

    꺾어진 가지 끝에 고인 진물이
    기둥이나 서까래가 될 수 있었던
    그윽한 냄새의 책장을 넘기면
    허기진 아버지의 회고록이 읽혀진다

    벌레 먹고 비바람에 찢어진 책장을
    가을바람이 넘겨주는데
    누군가의 뒷장이 되기 위해 어깨 굽은 풍상이 몇 년인지

    아직 따스한 체온이 남아 있는

책 한 권

풍경으로 서 있는 나무 한 그루

- 「나무를 읽다」 전문

"꺾어진 가지 끝에 고인 진물이/ 기둥이나 서까래가 될 수 있었던/ 그윽한 냄새의 책장을 넘기면/ 허기진 아버지의 회고록이 읽혀진다"라는 절창은 화자의 숨은 내공을 담보하는 압권이다. 화자가 서 있는 장소는 둘레가 막힘없어 동적이지만 산책길 나무들을 바라보는 시선은 고즈넉하니 정적이다. 이 동정(動靜)의 시선이 교차하며 연속적으로 쏟아내는 사유의 풍경은 다채롭기 이를 데 없다. 나무가 서 있는 장소는 언제나 바깥이다. 바깥에서 안은 시작되고, 안으로 들어가기 위해 포착되는 삶의 모든 것들은 각자의 소리로 삐걱거리거나 조율돼 시인에게 그 소리를 받아 적거나 말을 걸도록 부추긴다. 사물의 내면을 응시하는 방식으로 삶의 내력, 시간, 풍경에서 발굴한 이미지를 통해 삼인칭 관찰자의 시선으로 화자는 경계의 너머를 주시한다.

아버지의 존재를 경계 너머가 아니라 경계 안쪽으로 옮겨 옴으로써 자연스럽게 '나무'의 존재는 경계 너머가 된다. 이때 경계라는 획일화된 지경을 깨고 두 존재자는 동일시된다. 나무와 아버지를 동질의 생명으로 품어 안는 포용의 순간이 이 시의 순

기능이며 본질이다. 고통의 시간 끝에 기둥이나 서까래가 되고 마침내는 고통과 상심 끝에 흘렸을 눈물로 체화되는 아버지의 굴곡진 여정 낱낱 페이지가 한 권의 책으로 완성된다. "어떤 바람으로 서 있는가" 자문하며, "벌레 먹고 비바람에 찢어진 책장을/ 가을바람이 넘겨주는데/ 누군가의 뒷장이 되기 위해 어깨 굽은 풍상이 몇 년인지"라는 구절로 대변되는 아버지의 생(生)과 사(死) 그리고 빛과 그림자는 어깨 굽은 풍상(風霜)의 실체를 구체적으로 묻고 규명해 보는 자조적 자세로 귀결된다.

어스름한 저녁을 휘문이하며
둥글게 여물어가는 알들은
지난한 시간을 매달았다

침묵은 고고해
작아도 자족하며
마른 그림자를 지워가며 거친 땅 품었을 토란

땅속에서 자리 잡지 못한 바람은
까치발 세워
먼 곳을 향하여 손을 뻗는다

〈

젖은 것들은 밖으로 나오고

안을 튼실하게 채운 알맹이

어쩌면

경계 너머의 허기를 염려하기 때문이다

보성역 올망졸망 늘어선 짐 보따리 옆

소나기를 털어낸 토란대 허리 바짝 세우고 서서

토란을 지키고 있다

― 「토란」 전문

 사람은 꿈꾸는 대로 살아가지만 예기치 않은 운명과 맞닥뜨려 행로를 바꾸는 경우도 허다하다. 등단 10년 남짓의 화자도 그렇지 않았을까? "마른 그림자를 지워가며 거친 땅 품었을 토란"과 "젖은 것들은 밖으로 나오고/ 안을 튼실하게 채운 알맹이"처럼 일찍 어머니를 떠나보내고 중학교 때부터 아버지의 일을 도와 한때 농사를 짓기도 했던 시인은 뒤늦은 등단을 했다.

 시에서 보통 자신에 관한 서술은 자칫 넋두리로 비칠 수 있는데 위의 시는 절묘하게도 그 유혹을 벗어나 오히려 참신한 자아와 만나고 있다. 서정시에서 화자의 개입은 때로 반성적 기능을 행하면서 심리의 평정을 뒷받침해 준다는 사실을 실감케 하는 대목이다.

"어스름한 저녁을 휘문이하며/ 둥글게 여물어가는 알들은/ 지난한 시간을 매달았다"라는 구절은 그동안 노역과 상심 때문에 흘렸을 눈물자국을 암유한다. 이처럼 화자는 시라는 매개물을 통해 독자들과 소통하면서 독자가 혼자가 아니라는 위안을 그들 마음 곳곳에 심어준다. "보성역 올망졸망 늘어선 짐 보따리 옆/ 소나기를 털어낸 토란대 허리 바짝 세우고 서서/ 토란을 지키고 있다"라는 구절은 서사가 서정을 다독이며 말머리를 연다. 화자는 슬픔으로 굴러가는 보성역 기찻길 옆에서 토란을 파는 어머니, 저물녘 엄마를 마중 나온 부녀가 두 손을 잡고 서성이는 모습을 한 편의 수채화로 그리고 있다. 그 슬픔의 미학은 아래의 시 「월계화」에서 거듭 절제되고 정제된 꽃으로 승화되어 심상의 깊은 곳에서 진한 향기를 발산하는 견실의 뿌리를 뻗는다.

가시를 숨긴 월계화

동그랗게 꺾인 채
구멍 파인 가지

안간힘으로 봄을 붙들고 있다

따끔한 가시에 찔린 살갗

붉은 비명 내지르며

바닥을 짚어야만 일어설 수 있는 그녀

몸 비틀 때마다 연신 숨을 몰아쉰다

천근 무게를 버틴다

통증을 숨긴 월계화

꽃잎이 만개한 순간

나의 중심을 허물며

송이송이 진한 향기를 품었다

* 장미꽃의 다른 이름.

- 「월계화*」 전문

한때 오월을 상징하던 장미는 이제 봄·여름·가을·겨울 가리지 않고 꽃을 피운다. 시의 발견과 인식의 확장이 자연스러운 것은

꽃과 시간처럼 시적 정황이 시인과 밀접하게 연관되어 있기 때문이다. 직관이 빚어낸 좋은 시의 이미지들은 희로애락(喜怒哀樂)을 표현하거나 두려움과 불행을 직시할 수 있는 힘을 준다. 한 더미의 장미에서도 상상력과 비유법을 동원, 대상과 사물의 저변에 숨은 이미지를 끌어내듯이. 눈에 보이는 것이 풍경이라면 풍경의 배경, 더 나아가 배경을 만들기까지의 배후를 상상에서 끌어내는 것은 일면의 시선을 다면의 입체화로 만드는 심미적 작업으로, 이미지를 더욱 풍요롭게 한다. 넝쿨을 길 삼아 떼지어 피는 장미를 개인의 삶으로 치환해 "하찮은 것들"의 관계 속에서 더불어 살아가는 삶의 자세를 보여주고 있으며 그런 삶 속에 진정한 자유가 깃들어 있다는 의미를 일깨워준다. 화자는 길가의 장미 한 송이처럼 결국 '혼자'일 수밖에 없는, 즉 고통 끝에 발화한 장미꽃과 다를 바 없는 어머니를 떠올리고 있다. "바닥을 짚어야만 일어설 수 있는" 불구의 몸으로 "동그랗게 꺾인 채/ 구멍 파인 가지/ 안간힘으로 봄을 붙들고 있"는 어머니는 이 땅의 무수한 인고의 상징으로 재현된다. "몸 비틀 때마다 연신 숨을 몰아쉰다/ 천근 무게를 버"티는 어머니의 고통은 시를 통해 "중심을 허물며/ 송이송이 진한 향기를 품"는 숭고미로 승화된다.

3. 그늘과 연대하다

아래의 시는 우리의 삶 속에서 펼쳐지는 사소하지만 중요한 사건을 주제로 그 본질적 해법을 제시한다. 길고양이를 통해 드러난, 인간이 저지를 수 있는 가혹성에 대해 화자는 담담한 어투로 그러나 예사롭지 않게 묘사한다. 이는 인간의 본성에 대한 근원적 천착이며, 종국에는 화자가 화자 자신에게 던지는 질문이다. 동시에 현대사회의 반생명적 무감각에 던지는 항의성 메시지이기도 하다.

>눈곱 덮여 한쪽 눈이 사라진 점박이 길고양이 한 마리
>사람들을 피해 아파트 지하 주차장으로 사라진다
>불안한 듯 두리번거리며 깃털을 세우는 밤
>어둡고 습한 곳에서 들리는 가르릉 소리
>아무도 알아듣지 못하는 울음은
>바짝 발톱을 세운다
>곧 밤이 찾아올 텐데
>골목 모퉁이 음식물 수거통을 찾아
>한 시간째 생선 뼈를 건지고 있다
>오른손 내밀어도 쉬이 내주질 않는 발

음산한 냄새를 지우는 어둠의 수심도 깊다

산책할 때마다 살펴주지 못했던 마음이

자꾸 밟히는 저녁

산마루에 붉은 노을이 떠올랐다

-「길고양이」 전문

"눈곱 덮여 한쪽 눈이 사라진 점박이 길고양이 한 마리"는 "어둡고 습한 곳에서 들리는 가르릉 소리/ 아무도 알아듣지 못하는 울음은/ 바짝 발톱을 세"우고 있다. 작은 생명에 살을 붙이고 온기를 내어주던 화자의 저녁은 고양이가 염려되는 마음에 자꾸 밟히고 있다.『겹꽃으로 피어나는 손』이라는 시집의 제목에서 읽을 수 있듯 모든 생명을 경외의 대상으로 읽는 시인은 일찍이 인간도 자연의 일부라는 필연적인 운명론을 수용한다.

이 시에서 주요 이미지는 두 가지로 축약된다. 첫 번째는 반전의 이미지다. "고통도 식사였던 한때의 그늘을/ 과감하게 대신 던지는 오늘/ 스트라이크"는 앞에서 언급한 시 「볼링」의 '볼링' 공이 단지 던져서 얻을 수 있는 스트라이크 동작만을 의미하는 것이 아니라 화자가 차곡차곡 쌓아둔 고통과 번뇌로부터의 탈출이며 일탈을 지시하는 것과 맥을 같이한다.

두 번째 주요 이미지는 서정성이다. 화자는 언어의 외적 형식을 두뇌에 각인해 자신이 가진 감성과 느낌, 울림을 같은 박자로 동일시하여 되새긴다. 세상에 많은 시인이 있고 많은 시가 있지만 모두가 같은 시선으로, 동일한 언술적 방법으로 시를 기표화한다면 시는 이미 죽었다고 판정해야 한다. 같지만 다른 무엇을 형상화하기 위해 가장 중요한 것은 시적 대상이나 주제를 풍경이 아닌 배경으로 이미지화하는 것이다. 덧붙이자면 '지금' '여기'에서, '현재와 과거'라는 어쩌면 배타적일 수 있는 기억을 상기시키고 현재를 밀도 깊게 사유하는 것을 뜻한다.

    작은 실오라기조차 깊숙이 탐색되는 DNA

    구멍이 뚫린 채 한꺼번에 박혀
    사라진 머리, 탈골된 어깨
    가로세로 포개진 웅크린 신원미상의 이름들*

    함부로 생을 마감시킨 기억은
    아무것도 사라지거나 지워지지 않았다

    백골이 된 몸속
    수심 깊게 외쳤을 절규와 원망

〈

흙을 감고 돌아

피를 묻힌 총소리 차갑게 박혀 있다

* 2019년. 구 광주교도소 지하에 암매장된 5.18 희생자들의 시신이 200구가 넘게 발굴되었다.

- 「행방불명」 전문

  시는 언어를 통해 넓고 깊은 강에 노둣돌을 놓는 일이다. 이를테면 시라는 전체적 협업의 분업체에 해당하는 갈등은 궁극적으로 화합을 전제로 할 때 제 몫을 다한다. 우리는 아직도 현대사의 감당키 어려운 비극적 명제인 5.18로부터 자유롭지 못하다. 시간의 편의성에 의지해 명제에 관한 필수 불가결한 논의조차 없이 기억을 중단한다면 이 시는 한결 수월하게 읽을 수 있을 것이다. 그러나 의식은 물론 무의식의 심연에 처절히 각인된 불치의 상처는 화자에게 시간과의 무책임한 타협이나 피상적 안일을 허락지 않는다. "함부로 생을 마감시킨 기억은/ 아무것도 사라지거나 지워지지 않"고 "흙을 감고 돌아/ 피를 묻힌 총소리"가 차갑게 박혀 있기 때문이다.

  화자는 어두운 시대의 유산인 역사적 명제를 내적 시선을 통한 추체험으로 재구성해 뿌리 깊이 잠재된 불안을 소거한다. 과

거의 시간에 유예 당하지 않고 긴장과 소란을 감추는 한편 합리적 사유를 통해 작은 몸짓의 고발을 한다. 충격으로 얼룩진 참담한 고통은 뭇 생명과의 심리적 연대로 확장된다. 자신도 모르게 사회적 고통에 동참하게 된 화자는 이미 주어진 공동체의 과제를 세밀하게 포착, '나' 이외의 삶과 존재들을 향해 시적 자장을 확장해 나간다. '5월 광주', '살아남은 자의 슬픔'은 1980년대를 대변하는 키워드였다. 산 채로 백골이 되어 모진 세월을 견디어 온 숱한 이웃들, 현대사의 첨예한 분기점이 된 '5월 광주'는 특별한 언어적 수사나 비유 없이도 절실함만으로 시를 쓰게 하는 원동력이었다.

"한 편의 서정시에서 우리가 확인하는 가장 명확한 특성은 모든 외계의 것을 주관화하여 그 주관성 속에서 일정한 화해에 이르게 하는 것"이라고 아도르노(T. Adorno)는 말했다. 이처럼 화자는 외부에 존재하는 사물을 본성 그대로 담아내는 동시에 그 안에 자신을 투사하여 질서와 화해를 도모한다. 실천적인 시적 행위를 통해서 그 이면에 자신의 감정과 관념을 반영, 이를 공감의 차원으로 확산시키며 그 지분을 내가 아닌 타자에게로 확장 시키는 것이다.

이곳에서 바람은

산의 뒤꿈치를 밀어 올리며 시작된다

아홉 구비 계곡을 따라 천 년의 그림자 드리우며
적막 쌓여
쉼 없이 울리던 처연한 아기의 울음소리

겹겹 쌓아 올린 기도가
탑이 되고
침묵하던 산 그림자 두 손 모아 합장한다

절 마당 태아령*
바람을 타고
삼도三塗의 강이 객을 맞는다

* 보성군 문덕면 죽산리에 소재. 매년 제 삶을 마치지 못한 태아령 진혼 예술제가 열린다.

- 「대원사」 전문

죽은 어린아이의 영혼(태아령)이 많이 묻힌 곳이 대원사다. 화자는 대원사에 떠도는 어린 영혼들을 생각하며 "찡하게 파고들어 가슴을 울리는 슬픔의 움직임"을 아이들의 처연한 울음으로 재현한다. 그 순간, 삶이 지치고 힘들었던 갖가지 일에서 빠져나와 신성하고 근원적인 말을 받아 적는다. 시적 계시인 셈이다.

위 시에서 화자는 "삼도三塗의 강이 객을 맞는다"라고 하는데, 그곳이 저승인지 그 너머인지, 아니면 선경인지 확인할 수는 없다. '삼도三塗의 강'이 정말로 '끝'이라고 말할 수 있는지조차 막연하다. "겹겹 쌓아 올린 기도가/ 탑이 되고", "떠난 아이와 아이의 명복을 비는 사람"을 구분하고자 하는 것도 마찬가지다.

공감은 타자의 처지에 대한 동일시로부터 온다. 그 누구도 이별의 고통을 대신할 수 없다. 상처들은 대부분 외부에 의해 즉각적으로 발생한 것이지만 시간이 천천히 지나며 누적되어 오다가 뒤늦게 폭넓은 공감대를 이루기도 한다. 가식적인 수사 따위는 위로가 될 수 없어 여과 없이 마음속을 드러내는 화자의 인간적인 측은지심도 다르지 않다.

4. 감각의 확장

감각적 모더니즘의 선구적 작품을 남긴 이장희는 '고양이'를 통해 감각적이고 생동감 있게 '봄'의 분위기를 연출하였다. 위의 시에서 화자는 고양이의 '털'과 '입술', '수염'에서 봄의 이미지를 도출, 봄의 '향기', '불길', '생기'를 감각적으로 형상화하고 있다. 시각(호동그란), 후각(봄의 향기), 촉각(부드러운 고양이의 털) 등이 뒤섞이면서 공감각적 이미지를 낳는다. 이를테면 사유와 경험의 언어적 결실, 리듬이나 숨결 같은 미세한 장치들을 참신한 이미지로 읽어내며 섬세한 감각'과 '정서'의 이채로운 영역을 개척하고 있다.

> 전화기를 들고 골목을 나서면
> 끊긴 안부가
> 땅끝을 헤매던 어느 날까지 이어진다
>
> 해당화를 꺾어와 내 앞에 흔들어 보이곤 했지
> 꽃잎을 한 잎씩 떼어내니
> 하늘하늘 어디론가 사라진 얼굴
>
> 문득 뒤돌아보고 있을까
> 흰 포말 사이에 떠 있는 바다
> 언뜻언뜻 비추는 물그림자
> 너는 나를 닮은 듯 바라봤다

〈
바다의 수면처럼 잃어버린 시간은

풍경으로 갇힌다

눈과 눈을 감았을 때

맞닿는다 만진다 움켜쥔다 당긴다 붙인다

두 손안에서 당길 수 없는 것들

속눈썹을 빳빳하게 끼워 넣을 때

아직 거기 푸르게 혹은 하얗게 맺힌

주름진 기억들

- 「거울 속으로」 전문

  감각은 시적 대상과 접촉하면서 그 촉수를 자신의 경험, 정서 위에 위치시켜 구상적 이미지를 형성하는 인지적 정서 활동과 맥을 같이한다. 이 경우, 이미지는 단순한 상징적 형태로 고착되지 않고 상상력을 촉발하는 구체적 물질과 상호작용을 함으로써 새롭게 의미를 심화, 확장된다. 거울은 '살아있는 현상'으로서의 이미지를 가능하게 한다. 거울 속에서는 다양한 표정의 변화를 통해 무감각을 일깨우거나 혼잣말에 대한 즉답을 들을 수도 있는데, 이는 화자 자신의 상상 속 이야기 혹은 경험은 찡그린 입술이나 속눈썹 빳빳한 환한 웃음의 이미지로 치환된다.

"눈과 눈을 감았을 때/ 맞닿는다 만진다 움켜쥔다 당긴다 붙인다/ 두 손안에서 당길 수 없는 것들"에서 사실적이면서 풍자적 이미지를 제거한다면 사물에서 나를 떼어놓고 자유분방하게 자아가 확장되는 묘미를 맛볼 수 있다. 굳어져 있는 모듈에서 일탈한 주관적 가치는 객관적 입장에서 보면 정당한 대접을 받기 어렵다. 그러므로 진정한 인식은 대상과 의식 간의 관계를 묘사해, 의식의 변화양상에 따라 극도로 유연하고도 정밀한 묘사를 할 필요를 제기한다. 물질적 이미지는 주체가 없어지지 않는 한 끊임없이 발화의 미학을 통해 계속될 것이기 때문이다.

>한 번의 눈길로도 사로잡는 기억들의 정원
>자물쇠 걸린 병실의 출입구
>출구 막힌 공간 속에서
>한숨이 길어질 때
>
>구름이 구름을 벗어나려 소나기를 되뇐다
>그늘을 쏟아내는 허공이 출렁거린다
>〈

절반이 텅 빈 미궁의 시간은 언제 찾을 수 있을지

잎으로 숨거나

줄기로 휘어져

그림자가 그림자를 덮는다

각을 세운 그녀의 지난날이

뒤척이며

머리 없이 곧추선다

— 「행운목」 전문

이야기 시는 다양한 이미지들과 분할, 통합, 재건축 과정을 거치며 완성태에 이른다. 임영자 시에서 드러나는 이야기 시는 시인의 내면과 원형적 이미지들이 결합하면서 내면 의식을 바깥 사물의 영역으로 끌어내 논리적 전개를 한다. 이 '열린 펼침'은 선험적 경험과 물질성(의식)이 결합해 끊임없이 감각적인 세계를 만들어낸다. 행운목은 목이 잘린 상태로 줄기를 뻗는 식물이다. "한 번의 눈길로도 사로잡는 기억들의 정원"은 '행운목'이면서 또한 삶의 고난과 불행을 함께 해온 고난의 장소를 암유한다.

이미지는 오랜 역사와 가치를 가지고 있음에도 불구하고 핵

심적 가치가 아니라 주변부적 표현 기제로만 인식되던 적이 있었다. 그런 이미지와 상상력이 원초적 능력이자 창의성과 독창성의 소산임을 입증하며 그 위상을 높여 '상상력의 코페르니쿠스적 혁명'을 이룬 이가 바슐라르다. 그는 이미지와 상상력을 연구하면서 현실과 꿈의 세계를 연결한 것은 감성이고 이 감성은 구체적으로 인간의 삶에 결정적 작용을 한다는 사실을 밝혔다. 이 감성의 세계는 이미지와 상상력을 향토색 곤한 서정의 질그릇에 담아내는 임영자의 시적 발화이기도 하다.

임영자의 시 세계는 직관적 통찰과 자연 친화를 중시하면서 현실 세계와 비현실 세계를 끊임없이 탐험하는 가운데 교직되는 이미지와 상상력의 결정체다. 그의 시가 다다르고자 하는 시적 풍경의 깊이는 즉흥적 이미지와 심미적 풍경에 국한하질 않고 삶에서 배어 나오는 익숙한 풍경과 존재에 대한 성찰, 삶과 죽음, 명암, 풍경의 형상 재현 등, 다양한 시제와 내용으로 심도 있게 발현된다. 이미지는 고정불변의 것이 아니라 항상 변화하며 살아 움직이는 시를 낳고, 이러한 주제음들을 촘촘히 되새겨 변주를 꾀하는 임영자는 미래라는 미궁을 향한 새 이미지에의 도전을 멈추지 않을 것이다.